QU'EST-CE QUE C'EST ?
Pour le savoir, tourne la page!

C'est un poulain
qui joue avec sa maman.
Sur la page précédente,
tu vois un morceau de sa tête
à sa taille réelle.

Un grand merci à Michel-Antoine Leblanc,
auteur de *Cheval, qui es-tu ?* (éditions Belin, 2004)
et de *L'esprit du cheval* (éditions Belin, 2010),
pour ses conseils avisés.

Crédits photos : Cheval couverture : © Shutterstock/ Groomee ; Chevaux p. 2-3, p. 4 et p. 30-31 : © Shutterstock/Karel Gallas ;
Cheval p. 8-9 : © Shutterstock/Makarova Viktoria (Vikarus) ; Cheval comtois p. 9 : © iStockphoto/Vivian Delmotte ;
Pur-sang arabe p. 9 : © Shutterstock/Justin Black ; Ponette Shetland p. 9 : © Shutterstock/imantsu ;
Cheval de Przewalksi p. 9 : © Shutterstock/Anita Huszti ; Cheval p. 12 : © Shutterstock/Makarova Viktoria (Vikarus)

Loi n° 49-956 du 16 juillet 1949
sur les publications destinées à la jeunesse.

ISBN : 978-2-09-252507-4
N° d'éditeur : 10186622
Dépôt légal : juin 2012
Imprimé en Malaisie

KiDiDOC animaux

les chevaux

Delphine Grinberg
Illustrations de Charlotte Rœderer

Nathan

Un livre à explorer…

PRÊT ?

CONNAIS-TU BIEN LES CHEVAUX ?

Les chevaux adorent vivre seuls.
Vrai ou faux ?

Les chevaux dorment souvent debout.
Vrai ou faux ?

Les chevaux n'ont peur de rien.
Vrai ou faux ?

ET VOILÀ, C'EST FINI. MAIS TU PEUX RECOMMENCER !

Un poney est un bébé cheval.
Vrai ou faux ?

Un poulain qui vient de naître ne reconnaît pas sa maman.
Vrai ou faux ?

De 0 à 3 bonnes réponses
Si tu explores ce livre, tu sauras répondre à toutes les questions.

4 ou 5 bonnes réponses
Félicitations ! Tu connais mieux les chevaux que beaucoup de grandes personnes.

Si tu étais un cheval...

... tu serais très grand, très fort et pourtant tu serais peureux comme un lapin.

Ta peau serait hypersensible.
Le cheval sent quand une mouche se pose sur ses fesses.
Sa peau est plus sensible que celle de ton pouce.

Tu aurais une longue queue.
Le cheval chasse les insectes en l'agitant.
Quand il a peur, il la plaque entre ses cuisses.

ET TOI ?

Aimerais-tu être un de ces chevaux ?

Tu aurais de gros poils au bout du nez.
Le cheval s'en sert pour toucher ce qu'il ne voit pas sous son nez. Il ne faut jamais les couper.

Tu galoperais sur 4 doigts.
Le cheval a un seul doigt par jambe. Les sabots sont ses ongles, ils poussent sans arrêt.

Le jour de ta naissance, tu saurais déjà marcher.
À 6 ans, tu serais adulte.
À 30 ans, tu serais un très vieux cheval.

Bigoudi se trompe de maman

1 Bigoudi est né hier. Ce nouveau-né sait déjà très bien galoper et taquiner sa maman. Tout intéresse ce petit poulain !

2 Tiens, un drôle de truc avec de grandes oreilles ! Bigoudi cabriole, sur ses longues jambes-allumettes. Il ne se rend pas compte qu'il s'est un peu éloigné de sa maman.

3 Maintenant, Bigoudi a faim. Il cherche sa maman parmi toutes les juments. La voilà ? Non, cette jument lui montre des dents menaçantes : « Va-t'en, tu n'es pas mon poulain ! » Bigoudi se fait tout petit pour ne pas se faire mordre.

4 Bigoudi est affolé. Il hennit de sa voix minuscule. Toutes les juments lèvent la tête. Ouf ! Sa maman le voit, elle galope vers lui.

5 Bigoudi tète, bien au chaud contre sa maman. Il respire sa bonne odeur. Elle lui renifle doucement la queue. Ce n'est pas grave, Bigoudi !

ET TOI ?

AS-tu déjà eu peur de perdre ta maman ?

Dans 2 jours, Bigoudi ne se trompera plus de maman. Ce n'est pas facile pour un bébé de reconnaître sa mère au milieu de tous les chevaux. À leur naissance, les petits suivent n'importe quelle jument. Mais ils se font chasser quand ils essaient de téter. Ils apprennent à reconnaître l'odeur et la voix de leur mère en 2 ou 3 jours.

Les chevaux aiment-ils les caresses ?

Ils aiment beaucoup ! Voici leurs caresses préférées.

On voit souvent deux amis tête-bêche. Les chevaux adorent se mordiller l'encolure, le garrot et la croupe pour se débarrasser du poil d'hiver. Parfois l'un des deux agite sa queue sur la tête de son ami pour chasser les mouches. C'est leur façon de se caresser.

Les chevaux caressent-ils les hommes ?

Quand ils sont contents de voir un humain qu'ils aiment bien, ils le montrent à leur façon. Ils mâchouillent son pull, soufflent sur son visage, posent leur tête sur son épaule.

Comprends-tu le langage des chevaux ?

Ils disent beaucoup de choses avec leur corps.

Devine ce que font ces chevaux !

ce cheval est-il tombé ?

cette jument se lèche-t-elle ?

ces demi-frères se battent-ils ?

La vieille jument dit-elle un secret à son amie ?

Que se passe-t-il dans la prairie ?

As-tu remarqué tout ce que font ces chevaux qui vivent en liberté ?

SUR CETTE IMAGE, VOIS-TU...

...un poulain qui tète sa maman ?

... 2 jeunes frères qui jouent à se bagarrer ?

... un poulain qui se gratte contre un arbre ?

... un étalon et ses juments qui s'enfuient parce qu'ils ont peur d'un chien ?

La toilette du poney

Au centre équestre, un poney ne peut pas se laver lui-même, comme il le fait dans la nature. Si tu prends bien soin de lui, tu deviendras vite son ami et tu l'aideras à être en bonne santé.

Reconnais-tu les deux outils qu'utilisent les enfants ?

Une étrille pour gratter la boue

Un bouchon pour enlever la poussière

Une brosse douce our faire briller le poil

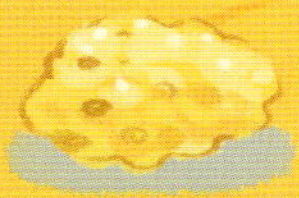

Une éponge pour essuyer les naseaux

Un peigne pour démêler la queue et la crinière

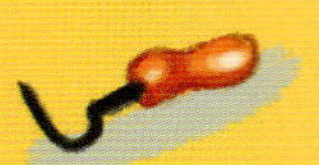

Un cure-pied pour nettoyer ses sabots

Sais-tu ce qu'est une robe ? C'est la couleur du pelage des chevaux.

ESSAIE DE LES RECONNAÎTRE !

La journée d'un poney

Que fait un poney un peu taquin pendant la journée ?
Suis les traces de Cacao au poney-club pour le découvrir.

SUIS LE PONEY !

Le matin

Un cadeau pour Princesse

1 Pierre veut faire un beau cadeau à sa jument qui a gagné une médaille : « Ma Princesse adorée, je t'offre ce joli box pour toi toute seule. »

2 Mais Princesse a quitté ses amis. Elle est si triste qu'elle se balance et qu'elle ne mange pas la bonne avoine. Pierre ne comprend pas : il fait tout pour qu'elle soit heureuse !

3 Hiii, hiii... Princesse hennit de désespoir. Hiii, hiii, hiii... Oui, ce sont ses amis qui lui répondent ! Princesse ne peut pas résister à leur appel : elle frappe sur la porte à grands coups de sabot... Tout à coup, elle est libre !

4 Princesse galope comme le vent. Pour retrouver ses amis, elle défonce toutes les barrières, elle traverse les routes, elle saute par-dessus les rivières. Rien ne peut l'arrêter.

5 Enfin ensemble ! Les amis hennissent de joie, ils se font un long et doux câlin. Pierre arrive, désespéré. Il a eu si peur de perdre Princesse ! Va-t-il l'attraper et la remettre dans son box de princesse ?

ET TOI ?

comprends-tu pourquoi Princesse est triste dans son joli box ?

Pierre a compris : le plus beau cadeau qu'il peut faire à sa Princesse, c'est de la laisser galoper avec ses amis. Et Princesse a retrouvé sa joie de vivre. Quand un cheval se balance ou se mord, on dit qu'il a des tics. C'est souvent parce qu'il s'ennuie ou qu'il souffre d'être tout seul.

Des chevaux comme ça, ça n'existe pas ?

Dans les histoires, les chevaux agissent parfois comme les hommes. Mais dans la réalité, c'est différent.

Un cheval avec des chaussures, ça existe ?

Non. Mais le maréchal-ferrant cloue des fers sous les sabots pour qu'ils ne s'usent pas trop vite. Ce sont les fers à cheval.

Un cheval avec des tresses, ça existe ?

Oui. Mais le cheval ne sait pas les faire lui-même.

Un cheval qui nage, ça existe ?

Oui. Il nage bien, en bougeant ses jambes comme s'il trottait. Il sait nager sans avoir appris.

Un cheval de la taille d'un chien, ça existe ?

Oui. Le Falabella mesure 50 centimètres au garrot. C'est un vrai cheval qui se sent bien dans une écurie, pas dans une maison.

Peux-tu **imiter** un cheval ?

Comme toi, les chevaux se saluent, sautent et courent. Mais ils le font d'une façon différente. Essaie de les imiter !

Peux-tu **saluer** un ami avec le nez comme un cheval ?

Quand deux chevaux sont contents de se retrouver, ils se frottent le nez.

AIMERAIS-TU LE FAIRE TOUS LES JOURS ?

Peux-tu **ruer** comme un cheval ?

Il oriente son derrière vers ce qui l'énerve, puis lance ses deux jambes arrière, sans regarder. Essaie de l'imite dans un endroit dégagé pour ne blesser personne

EST-CE FACILE ?

Peux-tu **trotter** comme un cheval ?

Il lève deux jambes en même temps : l'avant gauche et l'arrière droite. Puis il lève les deux autres, et ainsi de suite.

EST-CE QUE TU AVANCES VITE ?

De super-pouvoirs !

Les chevaux peuvent faire facilement certaines choses qu'aucun champion ne pourra jamais réussir, même en s'entraînant énormément.

CERTAINS CHEVAUX VONT AUSSI VITE QU'UNE VOITURE !

Ils peuvent galoper à 60 kilomètres par heure. Les chevaux en liberté galopent pour fuir ou pour jouer.

LEUR SECRET ?

Des jambes arrière très musclées.

LES CHEVAUX RECONNAISSENT LEUR POULAIN À L'ODEUR !

La jument flaire son poulain à la base de la queue : ainsi, elle le reconnaît parmi des centaines d'autres.

LEUR SECRET ?

Un odorat très développé !

LES CHEVAUX PEUVENT DORMIR DEBOUT !

Les yeux à moitié fermés, ils peuvent rester debout sans fatiguer. Ainsi, ils sont prêts à s'enfuir en courant si un danger approche.

LEUR SECRET ?

Des genoux qui se bloquent.

Qui se **cache** au milieu des chevaux ?

VOIS-TU LES 4 INTRUS ?

Réponse : un âne, un cheval à bascule, un papa qui joue au cheval et un zèbre.

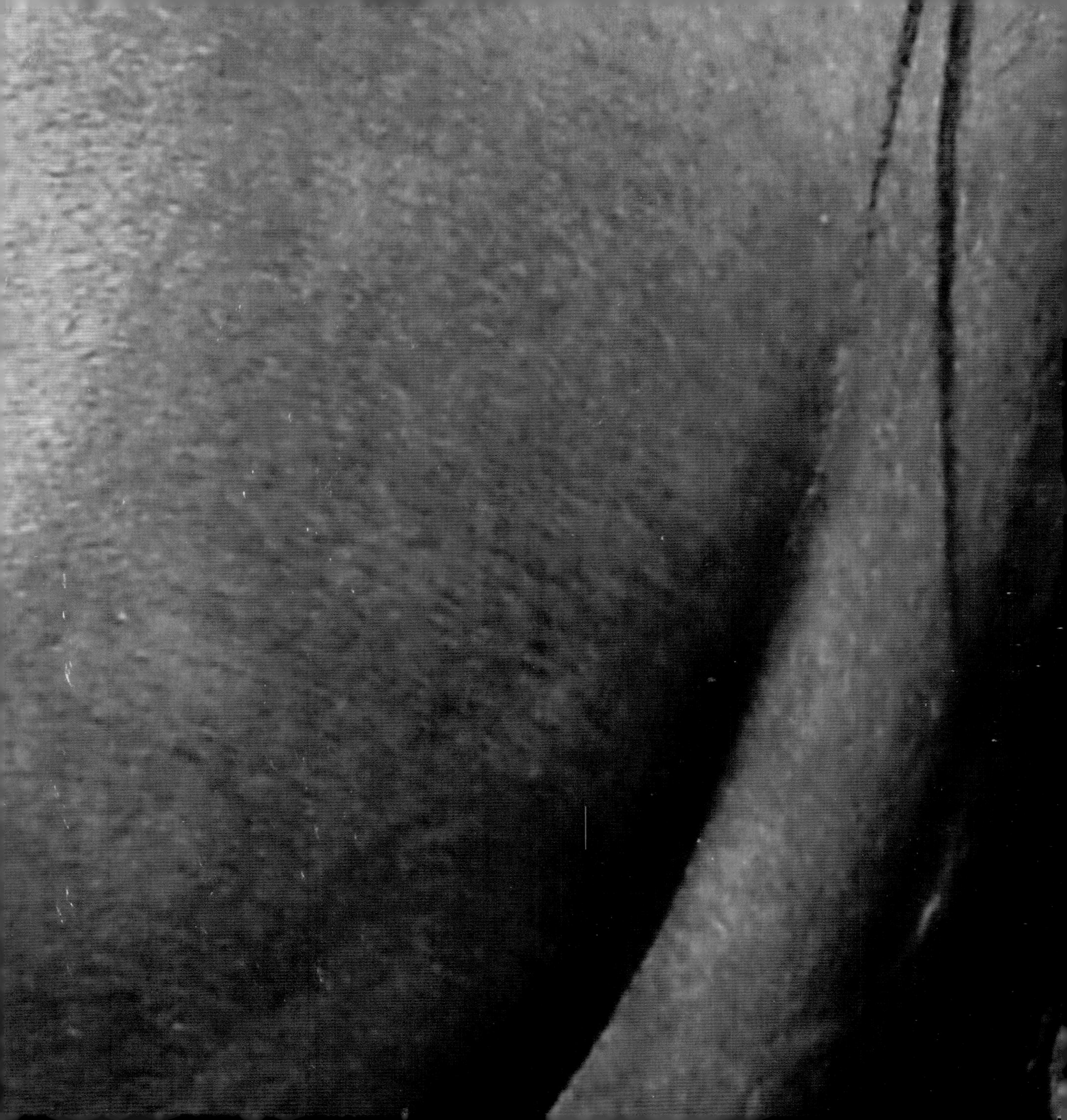

Cacao a peur de l'eau !

1 Lorsqu'il partait en promenade avec Lola, Cacao le poney avait peur de la rivière. Il sentait bien que Lola n'était pas rassurée non plus. Un jour, elle a tiré si fort sur les rênes que la catastrophe est arrivée : le poney a glissé, Lola a hurlé et fait un grand plongeon.

2 Lola et Cacao ne se sont pas fait mal. Pourtant, depuis la chute, Lola a peur de monter Cacao. Et Cacao a très peur de l'eau. Plus on le gronde, plus il se bloque.

3 Mais Lola aime trop Cacao pour rester comme ça. « Allez, on va être forts tous les deux ! » Pour commencer, elle marche avec le poney dans une flaque d'eau, en l'encourageant. Quand ils réussissent à traverser un ruisseau ensemble, Lola est si fière qu'elle ne sent pas ses pieds mouillés.

... un cheval qui traverse une rivière ?
... un cheval qui mange des fruits rouges empoisonnés ?
... 2 amis tête-bêche qui se caressent le dos ?
... un cheval qui se roule dans la poussière avec délices ?
... une jument et son petit qui font une sieste sous un arbre ?
AS-TU VU D'AUTRES CHOSES ?

Bonnes ou mauvaises rencontres ?

PEUX-TU DEVINER CE QUI VA SE PASSER ?

Si deux juments se voient pour la première fois, elles hennissent ou elles se sentent ?

Si un cheval rencontre un homme qui l'a frappé, est-ce qu'il s'en souvient ?

Si un grand cheval rencontre un petit chien, qui a peur de l'autre ?

Si un cheval et une chèvre sont dans un pré, ils sont amis ou ils s'ignorent ?

4 C'est le grand jour : Lola remonte Cacao pour la première fois. Lorsqu'ils arrivent à la rivière, Cacao s'arrête. Lola essaie de respirer calmement, elle lui chuchote une caresse : « Courage Cacao ! » Il hésite et finalement, il suit son copain-cheval qui traverse devant lui. Bravo Cacao !

5 Depuis, Cacao et Lola traversent la rivière tous les jours. Cacao marche devant, c'est lui qui rassure ses copains-chevaux quand ils ont peur.

ET TOI ?

As-tu déjà rencontré un grand animal qui avait peur ?

Comme Cacao, beaucoup de chevaux sont peureux. Cela vient de leurs ancêtres qui étaient des proies pour les lions et les pumas. Ils ont peur de ce qu'ils ne connaissent pas et sentent aussi si leur cavalier a peur. Les gronder ne sert à rien. Il faut leur montrer qu'il n'y a pas de danger et essayer d'être très calme.